Jeannette Pointu

PAR Wasterlain

Les Fourmis géantes

Couleurs : Cerise

À BERNARD WERBER, POUR SES ROMANS "FOURMIDABLES" (ALBIN MICHEL). "LES FOURMIS", "LE JOUR DES FOURMIS" ET "LA RÉVOLUTION DES FOURMIS".
Wasterlain

DUPUIS

DU MÊME AUTEUR

Aux **Editions Dupuis**,
dans la série **Jeannette Pointu**,
scénario et dessin :
Le Fils de l'Inca
Quatre x quatre
Le Dragon vert
Yeren
Reportages
Le Secret atlante
Mission sur Mars
Le Tigre de Tasmanie
Les Femmes girafes
Casque bleu
Le Monstre
Les Fourmis géantes

Dans la série **Docteur Poche**,
scénario et dessin :
Il est minuit, Docteur Poche
L'Ile des hommes-papillons
Karabouilla
La Planète des chats
Le Géant qui posait des questions
Le Renard bleu
Le Petit Singe qui faisait des manières
Gags en poche
La Forêt magique

Dans la série **Natacha**,
scénario de l'auteur, dessin de Walthéry :
L'Ile d'outre-monde

Dans la série **La Patrouille des Castors**,
scénario de l'auteur, dessin de MiTacq :
Le Calvaire du mort pendu
Torrents sur Mésin

Dans la série **Jess Long**,
scénario de l'auteur, dessin de Piroton :
Silicium Valley

Dépôt légal : février 1997 — D.1997/0089/83
ISBN 2-8001-2425-3 — ISSN 0771-8578

Imprimé en Belgique.

AU LARGE DE L'ARCHIPEL DES COMORES, LE CATAMARAN "CHALUMNA", AFFRÉTÉ PAR LE PROFESSEUR SAIYES, ACHÈVE SA CAMPAGNE D'EXPLORATION SCIENTIFIQUE AVANT L'ARRIVÉE DES VENTS DE LA MOUSSON. JEANNETTE POINTU A RECRUTÉ DEUX SPÉCIALISTES DE LA PHOTO SOUS-MARINE POUR L'AIDER À DÉBUSQUER DANS SON ÉLÉMENT NATUREL LE MYSTÉRIEUX COELACANTHE.
VÉRITABLE FOSSILE VIVANT DONT L'ESPÈCE A VU NAÎTRE ET MOURIR LES DINOSAURES, LE COELACANTHE, ANCÊTRE DES AMPHIBIENS, EST UN POISSON DISCRET, DIFFICILE À SURPRENDRE. SANS SUCCÈS, NOS AMIS PLONGENT DEPUIS UN MOIS DANS LE CANAL DU MOZAMBIQUE.
LA MÉTÉO ANNONCE UNE DÉPRESSION. LE VENT VA CHANGER, IL N'EST PAS PRUDENT DE PLONGER AUJOURD'HUI, JEANNETTE.
JE SAIS, PROFESSEUR, MAIS JE N'AIME PAS L'ÉCHEC. GÉRARD VA M'AIDER À REMONTER NOS DEUX CAMÉRAS IMMERGÉES. AVEC UN PEU DE CHANCE, NOUS AURONS PEUT-ÊTRE QUELQUES IMAGES DE CE SATANÉ COELACANTHE...
LE PROFESSEUR SAIYES A RAISON, JEANNETTE. NOUS AVONS ÉCHOUÉ, SACHONS LE RECONNAÎTRE.
CHALUMNA
TU N'ES QU'UN DÉFAITISTE, GÉRARD!
EH, OH!
TU ES FOLLE? C'EST PLEIN DE REQUINS PAR ICI!
PFFFL
JUSTEMENT: QUAND ILS T'AURONT GOÛTÉ JE N'AURAI PLUS RIEN À CRAINDRE!
!
1

C'EST UNE RAIE MANTA. ELLE EST GIGANTESQUE. ATTENDS, MA VIEILLE...
C'EST UN ANIMAL PLUTÔT PACIFIQUE, MAIS IL VAUT MIEUX ÉVITER SON AIGUILLON VENIMEUX.
?
VOILÀ GÉRARD AVEC SA CAMÉRA ÉTANCHE. J'ESPÈRE QU'IL AURA LA BONNE IDÉE DE ME FILMER.
HOLÀ... MA MONTURE S'AGITE TOUT À COUP. ELLE PARAÎT NERVEUSE. QUE SE PASSE-T-IL?
DES REQUINS-MARTEAUX. J'AI COMPRIS !!!
HEUREUSEMENT, À CETTE PROFONDEUR, JE N'AI PAS BESOIN DE RESPECTER LES PALIERS DE DÉCOMPRESSION. JE VOIS QUE GÉRARD A VU LE DANGER, LUI AUSSI.
GÉRARD! ATTENTION, DERRIÈRE TOI!
AAAH
2

NE LE RATEZ PAS, PROFESSEUR!
CHHHHHHHHHHHH
DÉPÊCHE-TOI!
IL A ARRACHÉ MA BOUTEILLE D'OXY-GÈNE ET... J'AI LÂCHÉ MA CAMÉRA!
JE VAIS LA RECHERCHER!
TU ES FOU, RESTE ICI! TU VAS TE FAIRE BOUFFER!
TU SAIS COMBIEN ÇA COÛTE, UNE CAMÉRA COMME ÇA?
JUSTEMENT, ÇA NE VAUT PAS LE COUP DE RISQUER TA VIE.
ALERTE, LES PIRATES DE LA CÔTE!
TU PLAISANTES, NIKY, CE SONT DES PÊCHEURS D'ÉPONGES. JE VOIS UN GAMIN QUI PLONGE.
BON SANG, LES REQUINS...! IL FAUT LES PRÉVENIR. VITE, NIKY, LE PORTE-VOIX...
!
ILS N'ENTENDENT PAS! TANT PIS, J'Y VAIS!
ILS ONT MOUILLÉ UNE ANCRE SUR UN HAUT-FOND. AÏE, LE POISSON-PILOTE DU REQUIN A DÉJÀ DÉSIGNÉ LA PROIE...
TAF
!
3

REMONTONS TOUT DE SUITE, L'ODEUR DU SANG VA ATTIRER LES AUTRES.
ELLE A SAUVÉ LE GAMIN. ELLE MONTE À BORD DU BOUTRE DES PÊCHEURS. BRAVO, JEANNETTE!
C'EST MOI LE PATRON! VOUS AVEZ SAUVÉ LA VIE DE MON FILS. JE M'APPELLE BABA FARANFANGA'N'DAVINDRO-MANANJARI'ND'TANANARIVE.
EUH... MOI, C'EST JEANNETTE.
J'AI CROISÉ VOTRE BATEAU PLUSIEURS FOIS. QU'EST-CE QUE VOUS CHERCHEZ PAR ICI?
LE COELACANTHE! UN POISSON QUE NOUS ESPÉRIONS FILMER, MAIS NOUS N'EN AVONS PAS TROUVÉ UN SEUL.
COELA... QUOI? AH, JE SAIS, VOUS FILMEZ DES POISSONS COMME LE COMMANDANT COUSTEAU!
OUI, MAIS LUI A EU PLUS DE CHANCE QUE NOUS.
BOOM
!
ON N'A PLUS DE MOTEUR, PATRON! C'EST ENCORE LA POMPE QUI A PÉTÉ!
NE VOUS INQUIÉTEZ PAS, MADE-MOISELLE, NOUS RENTRERONS À LA VOILE. HOLÀ, HISSEZ!
LE VENT SE LÈVE. C'EST LE KASKAZI, UN VENT DE MOUSSON. IL VAUT MIEUX REGAGNER LE PORT. IL FAUDRAIT PRÉVENIR VOS AMIS...
OH, NE VOUS EN FAITES PAS, ILS ONT DÉJÀ COMPRIS.
ON VA LEUR MONTRER QU'ON N'EST PAS DES MARINS D'EAU DOUCE. CHOQUEZ LE FOC, JE VAIS GRÉER LA GRAND-VOILE!
LE VENT SE LÈVE, LA MÉTÉO AVAIT RAISON.
MAIS COMMENT FONT-ILS POUR REMONTER AU VENT AVEC LEUR RAFIOT POURRI? PAS MOYEN DE LES RATTRAPER, ILS VONT NOUS SEMER!
CES HOMMES SONT DE VRAIS MARINS ET ILS CONNAISSENT LES COURANTS!
4

ON DIRAIT BIEN QUE NOUS AVONS REMPORTÉ LA RÉGATE.
OUAIS, MAIS C'EST À CAUSE DE L'ENROULEUR ÉLECTRIQUE DU FOC QUI S'EST ENCORE COINCÉ...
FAITES-MOI CONFIANCE, VOTRE BATEAU EST À L'ABRI DANS CETTE ANSE.
IL PARAÎT QUE VOUS ÊTES UN SAVANT ET QUE VOUS ÉTUDIEZ UN POISSON RARE ...
EN EFFET, MAIS NOUS TRAQUONS EN VAIN LE COELACANTHE DEPUIS UN MOIS.
MAMBI, JE TE PRÉSENTE GÉRARD ET NIKY.
COELACANTHE...? JE SUIS UN VIEUX PÊCHEUR MAIS CE NOM-LÀ NE ME DIT RIEN...
LATIMERIA CHALUMNAE, DE L'ORDRE DES CROSSOPTÉRYGIENS, SI VOUS PRÉFÉREZ.
C'EST LE JOUR DU MARCHÉ.
IL N'Y A QUE DES BANANES ET DU POISSON SÉCHÉ ICI... BEURK!
OH!
UN COCO... UN COCO... LÀ UN COELACANTHE!
?
ÇA, C'EST UN GOMBESSA!
!
GOMBESSA, TRÈS FRAIS, MADEMOISELLE! JE L'AI PÊCHÉ CE MATIN. JE VOUS EN METS COMBIEN DE LIVRES?
AAH, C'EST ÇA QUE VOUS APPELEZ COELACANTHE... CHEZ NOUS, C'EST LE GOMBESSA!
AH, C'EST BIEN LUI! REGARDEZ CES NAGEOIRES CARACTÉRISTIQUES! QUELLE MERVEILLE!
POUAH, ÇA PUE.
JE VOUS MONTRERAI LES ENDROITS OÙ ON PÊCHE LE GOMBESSA. ON PARLERA DE CELA CHEZ MOI, DEVANT UN BON REPAS.
AH, MON AMI, QUELLE JOIE...
SNIF
KLIK
5

PLUS TARD...
CE N'EST QU'UN CRACHIN, LE VENT EST TOMBÉ.
À TABLE, TOUT LE MONDE !
HUMM... ÇA SENT BON.
POURQUOI NOTRE GOMBESSA VOUS INTÉRESSE-T-IL TANT, PROFESSEUR ?
PARCE QU'IL EST L'ANCÊTRE DE TOUS LES ANIMAUX QUI MARCHENT...
UN PEU DE POISSON, MONSIEUR GÉRARD ?
OH OUI, J'AI TRÈS FAIM ! LA PLONGÉE, ÇA CREUSE !
GOMBESSA OU COELACANTHE, CE POISSON NE MARCHE PAS, IL N'A PAS DE PATTES.. ...
PEUT-ÊTRE, MAIS LES OS DE SES NAGEOIRES PRÉFIGURENT LES PATTES DES AMPHIBIENS QUI ONT CONQUIS LA TERRE ET DONT NOUS SOMMES LES "DESCENDANTS".
C'EST DRÔLE, ÇA ME RAPPELLE UNE VIEILLE LÉGENDE, CELLE DU POISSON DE LUNE.
LE POISSON DE LUNE ?
MAMBI, RÉCITE L'HISTOIRE DU POISSON-LUNE POUR LE PROFESSEUR.
OUI, MAMA.
UN POISSON, AMOUREUX DE LA LUNE, CHERCHE FORTUNE... JE NE SAIS PAS NAGER, DIT LA BELLE, VIENS ME RETROUVER... LE GALANT, AU CLAIR DE LUNE, RAMPANT SUR LA DUNE, MARCHA VERS SA BRUNE. ILS SE MARIÈRENT ET EURENT DEUX ENFANTS : MAMA ET BABA !
HI HI, HI
IL EST JOLI TON DESSIN, MAMBI, ET C'EST UNE BELLE HISTOIRE QUE TU NOUS AS RACONTÉE.
CE N'EST PAS UNE HISTOIRE, C'EST LA VÉRITÉ ! DIS-LUI, PAPA !
HUM...
C'EST VRAI, JE L'AI VU ! J'AI VU LE POISSON QUI MARCHE !
?
IL EST ÉNORME ! JE L'AI VU SORTIR DE L'EAU ET MARCHER POUR PONDRE SES OEUFS SUR LA PLAGE DE L'ÎLE GONDWANA, OÙ MON BATEAU S'ÉTAIT ÉCHOUÉ.
UN POISSON QUI MARCHE, C'EST INCROYABLE ! POURRIEZ-VOUS NOUS CONDUIRE SUR CETTE ÎLE ?
?
MIAM... ! IL EST TRÈS BON CE POISSON, QU'EST-CE QUE C'EST ?
GOMBESSA !
GOMBESSA ?
COELACANTHE...
?!
BEUH...
6

QUELQUES JOURS PLUS TARD, UNE EXPÉDITION EST ENTREPRISE POUR DÉBARQUER NOS AMIS SUR L'ÎLE DU POISSON-LUNE... LE POISSON QUI MARCHE.
SI LE MOTEUR TIENT LE COUP ET SI LE VENT SE MAINTIENT, NOUS Y SERONS CE SOIR.
HÉLAS, JE VOIS DE GROS NUAGES S'AMONCELER.
BOG BOG BOG BOG BOG BOG
MEUH...
ON VA ESSUYER UN GRAIN.
EST-CE QUE JE PEUX LES ACCOMPAGNER SUR L'ÎLE, PAPA?
NON, MAMBI! IL Y A DU DANGER. QUE DIRAIT TA MÈRE?
BEUH.
HO, LA, LA... ÇA TANGUE. J'AI LE MAL DE MER, JE VAIS VOMIR...
COURAGE, GÉRARD!
TENEZ BON, MES AMIS, L'ÎLE EST EN VUE. PERSONNE N'Y VA JAMAIS, CAR SON ABORD EST DÉFENDU PAR UNE BARRE DE RÉCIFS.
BEUH...
BEUH...
ENTRE LES DEUX POINTS HAUTS, IL Y A UNE PLAGE. VOUS DEVREZ MAINTENIR CE CAP DÈS QUE VOUS AUREZ TROUVÉ LE PASSAGE.
JE LE VOIS.
PERSONNE N'A VU MON FILS, MAMBI? JE NE LE TROUVE PLUS!
IL EST VEXÉ, IL A DÛ SE CACHER DANS LA CALE POUR BOUDER.
NOUS SOMMES PRÊTS! ON Y VA!
JE SUIS MALÂÂDE... BEUH, ARGL, BLUB...
BOOM
C'EST PAS MA FAUTE, PATRON, C'EST ENCORE LA POMPE QUI A SAUTÉ.
VOUS DEVEZ Y ALLER MAINTENANT CAR NOTRE BATEAU VA À LA DÉRIVE. PRENEZ MON FUSIL. BONNE CHANCE!
LARGUEZ!
ACCROCHEZ-VOUS! ON VA ÊTRE SECOUÉS!
?
BEUH... MAMAN!
QUE FAIS-TU LÀ, TOI?
MOI AUSSI, JE VEUX VOIR LE POISSON QUI MARCHE!
7

IL EST TROP TARD POUR REVENIR EN ARRIÈRE ! ATTENTION AUX REMOUS !
BEUH...
TIENS-TOI BIEN, PETIT DÉSOBÉISSANT.
HAAAA
HAAAA
MAMBI, OÙ ES-TU ?
JE SUIS LÀ !
NOUS AVONS ÉTÉ REJETÉS DE L'AUTRE CÔTÉ DE LA BARRE. ICI, ON A PIED...
PAS MOI, JE SUIS TROP PETIT.
GLUB PFFF
OUF, NOUS Y SOMMES !
ON... ON NE VOIT PLUS LE CANOT. PLUS RIEN...
SI ! JE VOIS UN GILET DE SAUVETAGE QUI FLOTTE LÀ-BAS !
C'EST GÉRARD !
IL A VOMI ET IL NE RESPIRE PLUS... IL FAUT LUI FAIRE LE BOUCHE-À-BOUCHE POUR LE RANIMER...
ÇA, JAMAIS ! IL VA SE RÉVEILLER, TU VAS VOIR.
BEUH
JE CONNAIS UN TRUC PLUS EFFICACE !
CLAP CLAP
AÏE OUILLE
BEUH ! ARGL ! C'EST PAS BON, L'EAU SALÉE. OÙ SONT LES AUTRES ? LE PROFESSEUR... NIKY... ?
ILS... ILS ONT COULÉ AVEC LE CANOT. C'EST AFFREUX...
OH, NON, NE PLEUREZ PAS, MADEMOISELLE JEANNETTE ...
8

BROOOMMM
EH BEN, IL NE MANQUAIT PLUS QUE ÇA !
REGARDEZ ! LA MER REJETTE DES OBJETS QUI PROVIENNENT DU CANOT !
AIDEZ-MOI, JEANNETTE, IL FAUT RÉCUPÉRER LE MAXIMUM DE CHOSES !
OH, C'EST LE FUSIL DE PAPA !
SACRENOM ! IL N'Y A RIEN À MANGER LÀ-DEDANS, C'EST LE CONTAINER ÉTANCHE DU MATÉRIEL PHOTO...!
IL... IL Y A DES BÊTES QUI BOUGENT SUR LA PLAGE.
DES CRABES ! DES MILLIERS DE CRABES ROUGES QUI SORTENT DE L'EAU !
!
BÊÊÊK !
ILS SE DIRIGENT TOUS DANS LA MÊME DIRECTION... OH ! REGARDEZ LÀ-BAS !
!
LE POISSON QUI MARCHE !
ÉTEIGNEZ LA LAMPE, GÉRARD !
9

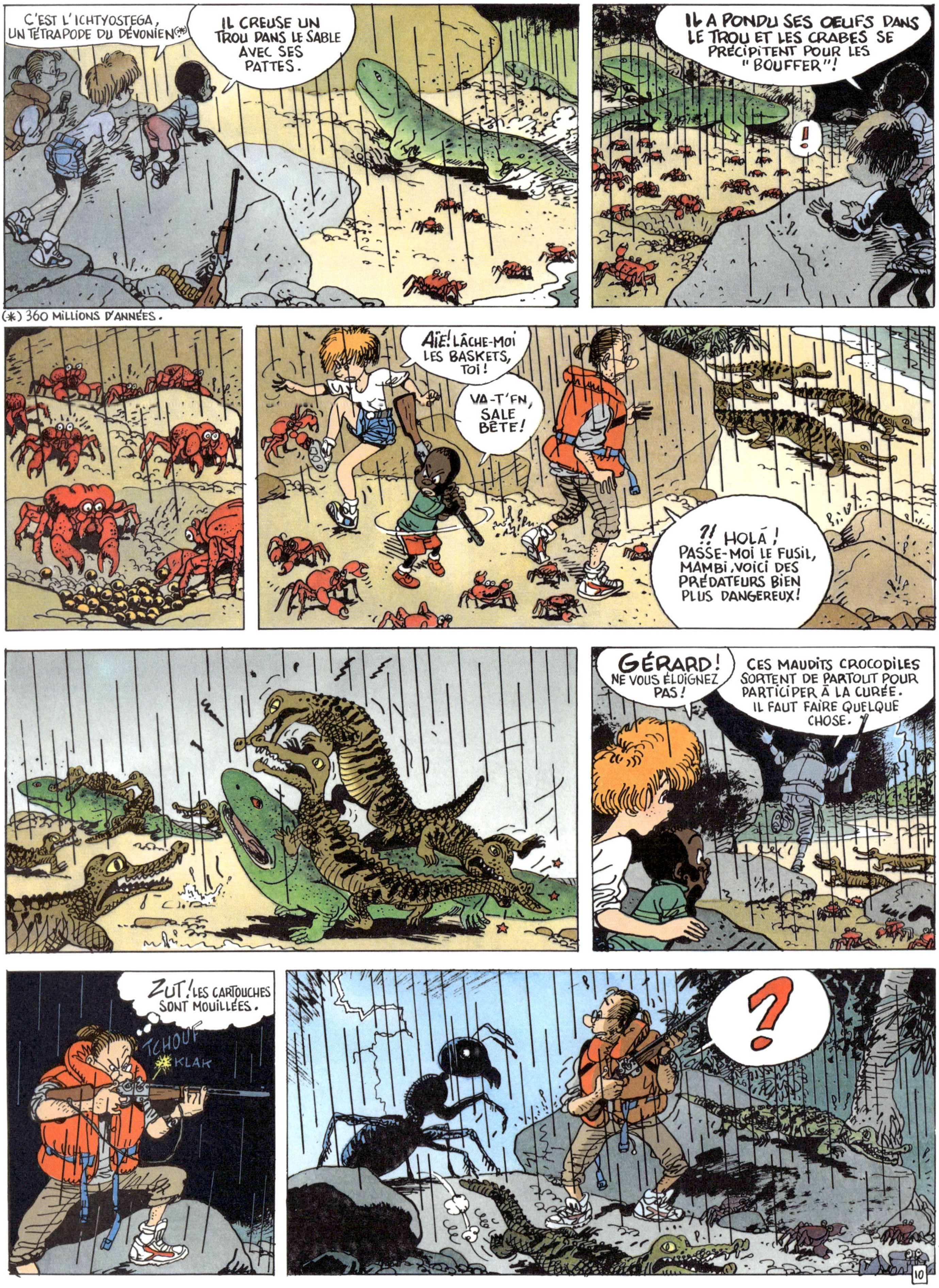

(*) 360 MILLIONS D'ANNÉES.

HAAAA
!
HAAAAAAAAAA
GÉRARD!
OÙ EST LA LAMPE DE POCHE...?
OH, MON DIEU, QU'EST-CE QUE C'EST QUE CE MONSTRE? IL... IL FAUT FAIRE QUELQUE CHOSE... VITE.
JE SUIS LÀ! JE VAIS VOUS AIDER! NE... NE BOUGEZ PAS!
À MOI! JEANNETTE, AU SECOURS!
H'AN
BOUF
AÏE!
POK
QU'AS-TU FAIT, MALADROITE? LÀ... LA BÊTE SE RETOURNE CONTRE MOI...
KRR
KRR
KSS KSS
ÉCARTEZ-VOUS, MADEMOISELLE! J'AI TROUVÉ DES FEUX DE DÉTRESSE! ATTENTION!
PCHHH
DITES QUELQUE CHOSE, GÉRARD!
HOU, LÀ, LÀ... MA TÊTE. JE... J'AI ÉTÉ ATTAQUÉ PAR U... UNE FOURMI...
ÇA MARCHE! LA BÊTE SE SAUVE! ELLE A PEUR DU FEU!
PCHHH
PCHHHH
11

SI, SI! C'ÉTAIT UNE FOURMI... UNE GROSSE FOURMI... ELLE... ELLE M'A ASSOMMÉ...
IL Y A TROP DE BÊTES DANGEREUSES SUR CETTE PLAGE. APPUYEZ-VOUS SUR MOI, ON VA TROUVER UN ABRI PLUS SÛR.
OÙ VAS-TU, MAMBI? RESTE ICI!
...ET J'AI PERDU MES LUNETTES ...
ON A OUBLIÉ LE FUSIL. JE VAIS LE CHERCHER!
AH, LE VOILÀ! TANT MIEUX CAR LA FUSÉE VA S'ÉTEINDRE.
LES LUNETTES DE GÉRARD.
?
KRR
KRR
KRRK
KRRK
KRRK
KRRK
CES MONSTRES DISPUTENT AUX CROCODILES LES RESTES DE LA CARCASSE DE CE PAUVRE POISSON QUI MARCHE. QUELLE HORREUR! ...
KRRK
KRR
KRRK
KRK
!
KRRR
KRRK
KRK
KRRK
KRRK
AU SECOURS!
HAAAAAAAAAaaa...
KRRK
KRRK
KRRK
KRRK
KRK
JEANNETTE, AU SECOURS!
KRRK
KRRK KRRK
MAMBI, OÙ ES-TU? RÉPONDS!
HAAA!
KSS
KSS
12

C'EST UN PYTHON VERT ÉMERAUDE.
JE ME F.. DE LE SAVOIR! AIDEZ-MOI! ARGL!
TENEZ BON!
OUCH!
POK
OH, LÀ, LÀ, JE SUIS VRAIMENT TRÈS MALADROITE...!
OUF! CETTE FOIS, JE L'AI EU!
VLAN
RÉVEILLEZ-VOUS, GÉRARD, NOUS SOMMES CERNÉS PAR DES CROCODILES!
EN EFFET, C'EST UN PYTHON...
QUOI? CROCODILES? OÙ ÇA?
HAAAAAAAAAAAAAAAAAA
GNIAP
AÏE, AÏE... ELLE VA CRAQUER...
MON PAUVRE MAMBI... QUE VA-T-IL DEVENIR...? BOUHOU...
CHUT! TAISEZ-VOUS, VOUS ALLEZ RÉVEILLER LES CROCODILES, LES LAPINS ET LES FÉROCES FOURMIS DE CETTE ÎLE MAUDITE.
SNIF... MAIS... IL EST TOUT SEUL, PERDU DANS LA NUIT... SNIF...
MAIS NE VOUS EN FAITES PAS, IL EST TRÈS MALIN ET PUIS... C'EST BIEN CONNU, LES AFRICAINS N'ONT PAS PEUR DU NOIR, ILS Y SONT HABITUÉS DÈS LEUR PLUS JEUNE ÂGE.
NOUS AVONS EU UNE RUDE JOURNÉE. IL EST TARD, IL FAUT SE REPOSER MAINTENANT...
RZZ
NOUS CHERCHERONS LE GAMIN DEMAIN. AH, S'IL POUVAIT S'ARRÊTER DE PLEUVOIR! OUÂÂAH...
13

À L'AUBE...
RÉVEILLEZ-VOUS, GÉRARD!
HEIN...? EUH...TIENS, IL NE PLEUT PLUS?
VOUS AVEZ UNE GROSSE ARAIGNÉE NOIRE ET VELUE SUR LA TÊTE. SURTOUT, NE BOUGEZ PAS.
OOOOOH! NE... NE LA RATEZ PAS! GLUB!
PAF
KRAAK
TOK
J'EN AI MARRE DE CETTE EXPÉDITION!
MOI AUSSI, MAIS NOUS DEVONS RETROUVER MAMBI. RETOURNONS SUR LA PLAGE ...
...IL Y A SÛREMENT LAISSÉ DES TRACES! SUIVEZ-MOI!
ATTENDEZ, JE NE VOIS RIEN SANS MES LUNETTES.
BONG
GRMBL!
LES PRÉDATEURS ONT DÉPECÉ ENTIÈREMENT LES POISSONS AMPHIBIENS. POUAH, ÇA PUE!
Y A MÊME PAS UNE ARÊTE À LÉCHER SUR CES POISSONS AMBULANTS, ILS N'ONT QUE LA PEAU SUR LES OS!
CRUNTCH KROK! BEERK
OH! VENEZ VOIR!
14

IL N'AURAIT PAS ABANDONNÉ LE FUSIL DE SON PÈRE, SAUF SI...
HUM...! N'AYEZ CRAINTE, ON LE RETROUVERA, LE GAMIN. DONNEZ-MOI LES CARTOUCHES, JE VAIS LES FAIRE SÉCHER.
J'AI RÉUNI ICI LE PEU DE MATÉRIEL DONT NOUS DISPOSONS, MAIS IL N'Y A RIEN À MANGER. VOUS VOULEZ UN TEE-SHIRT? ILS SONT À MOITIÉ SECS.
VOUS AVEZ TROUVÉ QUELQUE CHOSE?
UN BIDON DE PÉTROLE! JE CRAINS LE PIRE...
SI... SI LE BOUTRE QUI NOUS A DÉPOSÉS ICI A COULÉ LUI AUSSI... PERSONNE NE VIENDRA NOUS SECOURIR...
ALLONS... VOUS OUBLIEZ QUE LUDO EST RESTÉ AU PORT AVEC NOTRE BATEAU. IL DONNERA L'ALERTE DANS QUELQUES JOURS. REMPLISSEZ LA GOURDE DE PÉTROLE... ÇA PEUT SERVIR... LES FOURMIS ONT PEUR DU FEU, ON L'A VU HIER.
PRENEZ LA MACHETTE ET LA TROUSSE DE SECOURS. ÇA AUSSI, ÇA PEUT ÊTRE UTILE.
ÊTES-VOUS CERTAIN DE NE RIEN VOIR SANS VOS LUNETTES?
VOILÀ SES EMPREINTES. ELLES SE DIRIGENT VERS L'INTÉRIEUR DE L'ÎLE.
JE SUIS INQUIET POUR LE GAMIN.
MAMBI!
MAMBI!
HOU
HOUIIT
TOOUIT
TOOT
TOOU
TOU...
WIIIIT
COMMENT DISTINGUER UN APPEL AVEC LE VACARME QUE FONT LES OISEAUX?...
FERMEZ VOS BECS, LES OISEAUX!
ET VOILÀ. IL SUFFISAIT DE...
?
BRRUUP
15

N'AYEZ PAS PEUR GÉRARD, C'EST UN GENTIL CAMÉLÉON.
IL N'Y A QUE DES BÊTES ÉTRANGES ICI.
OH!
PAW
!
ROP ROOP
!
KROAK... KROAK
HI, HI, HI! C'EST UN CRAPAUD BUFFLE! SI TU AVAIS VU TA TÊTE!
JE N'AI JAMAIS VU D'AUSSI GROSSES CUISSES DE GRENOUILLES.
KROAAK KROAK
TUUT TUUT TUUUT TUUUT
ÉCOUTE CE SIFFLEMENT!
OH, CE SONT ENCORE CES MAUDITS OISEAUX...
TU AS DÉJÀ ENTENDU DES OISEAUX QUI FONT TUUT-TUUT, TOI? ÇA VIENT DE LÀ...
EUH... ATTENDEZ-MOI, JE... JE SUIS LÀ POU... POUR VOUS PROTÉGER.
MAMBI! IL EST VIVANT! OHÉ, OHÉ!
OHÉ!
OHÉ, OHÉ!
16

!
JE VOUS PRÉSENTE MES AMIS.
CES BRAVES LÉMURIENS M'ONT SAUVÉ LA VIE, HIER SOIR, QUAND UNE FOURMI GÉANTE M'A POURSUIVI.
J'AI TROUVÉ REFUGE SUR L'ARBRE, MAIS LA FOURMI GRIMPAIT...
LES LÉMURIENS ONT ALORS BOMBARDÉ L'INTRUSE DE PROJECTILES...
...ET RÉUSSI À LA REPOUSSER AVEC UNE CERTAINE EXPÉRIENCE, SEMBLE-T-IL...
TUUT TOOUII
UN SIFFLEMENT AIGU A SOUDAIN RETENTI DANS LA NUIT COMME UN SIGNAL, ET LA FOURMI, À CET APPEL, S'EST ÉLOIGNÉE...
UN SIGNAL, DIS-TU ? JE CROYAIS QUE C'ÉTAIT TOI QUI SIFFLAIS POUR NOUS APPELER À L'AIDE...
JE L'AI ENTENDU AUSSI CE MATIN ET PUIS IL Y A EU UN COUP DE FUSIL, MAIS JE N'AI PAS OSÉ BOUGER DE MON ABRI.
LE COUP DE FUSIL, C'ÉTAIT UNE IDÉE À MOI, POUR...
HÉ LÀ ! LÂCHE ÇA TOI !
?
AÏE ! LÂCHE MA QUEUE ! OUILLE ! QU'EST-CE QUE C'EST... ?
C'EST UN DOUDOU ! UNE SORTE DE LÉMURIEN TRÈS RARE ET TRÈS AFFECTUEUX.
D'ACCORD, D'ACCORD... MAIS JE N'AI PAS BESOIN DE TOI, ESPÈCE DE SINGE POILU ! RETOURNE DANS TON ARBRE.
HU !
SNIF
SNIF
OUIN OUIN OUIN
MAIS, QU'EST-CE QU'IL A... ?
JE VOUS L'AI DIT, C'EST UN ANIMAL TRÈS SENSIBLE. IL SENT BIEN QUE VOUS NE L'AIMEZ PAS !
17

TU VAS TE TAIRE, ESPÈCE DE OUISTITI !?
Hu?
OUIIIINN
!
LÀ VOUS L'AVEZ VEXÉ.
OUIIIN
FAITES UN EFFORT, GÉRARD!
QU'EST-CE QUE JE DOIS FAIRE?
PARLEZ-LUI GENTIMENT ET PUIS CARESSEZ-LE, FAITES-LUI UN BISOU ET DITES-LUI QUE VOUS L'AIMEZ.
OUIIIN
OUIIINN
JE T'AIME, VOILÀ! ÇA TE VA COMME ÇA?
HU HU
SNIF
BON, ALLEZ, UNE BIBISE ET PUIS, C'EST TOUT, HEIN!?
ALLONS, ALLONS...
MI MII MI MI MII MIII MI MI MI MI MI MI
CET ANIMAL EST TROP AFFECTUEUX, IL NE VEUT PLUS ME LÂCHER...
MAMBI DIT QUE SI VOUS LE REPOUSSEZ, IL HURLERA À NOUVEAU.
TUUUUT TUUUIII
ÉCOUTEZ! C'EST ENCORE CE SIFFLEMENT!
ÇA VIENT DE CE VERSANT. ALLONS VOIR DE QUOI IL S'AGIT.
TUUUUUUT TUIIIIIII
18

J'AI RETROUVÉ VOS LUNETTES, MONSIEUR GÉRARD, MAIS LES VERRES SONT CASSÉS.
MERCI, MAMBI, JE M'EN ACCOMMODERAI.
CHUT! ÉCOUTEZ!
KRR KRR
SSSS
ATTENTION, ÇA BOUGE DERRIÈRE CE BUISSON.
GLUB... JE NE VOIS PAS MIEUX.
UN BOA. IL A CAPTURÉ UNE FOURMI.
NE VOUS INQUIÉTEZ PAS, JE SUIS LÀ.
KRR KRR
SSSSS
JE DÉTESTE ENCORE PLUS LES SERPENTS QUE LES FOURMIS, MAIS AU MOINS ÇA SE MANGE, DU SERPENT...
JE NE VOIS PAS GRAND-CHOSE AVEC MES VERRES CASSÉS. IL FAUT QUE JE M'APPROCHE UN PETIT PEU, SINON, JE VAIS LE RATER.
LÀ, C'EST BON! NE BOUGE PAS, MON GROS, LE PETIT OISEAU VA SORTIR...
HÉHO! ATTENDS, JE N'AI PAS ENCORE TIRÉ!
SCHHHHHHH
JEANNETTE! AU SECOURS!
TCHAK
UNE FLÈCHE...!
!
19

QUAND J'ÉTAIS PETIT, J'ÉTAIS CHAMPION POUR FABRIQUER DES ARCS À FLÈCHES. J'AURAIS FAIT UN TRÈS BON ROBINSON CRUSOÉ.
NIKY!
APRÈS LE CHAVIRAGE DU CANOT, LES VAGUES M'ONT JETÉ SUR LES ROCHERS... J'ÉTAIS SEUL... J'AI MARCHÉ DANS LA JUNGLE... CE MATIN, J'AI ENTENDU UN COUP DE FEU ET ME VOILÀ.
ET LE PROFESSEUR?
LA FOURMI, ELLE A BOUGÉ!
J'EN AI VU PLUSIEURS PAR LÀ. CES BESTIOLES ONT TRACÉ UNE VÉRITABLE PISTE DANS LA FORÊT.
CELLE-CI EST PLUS PETITE QUE CELLES QUE NOUS AVONS VUES SUR LA PLAGE. JE CROIS QUE LE BOA LUI A BROYÉ LES ARTICULATIONS DES PATTES, ELLE NE PEUT PLUS SE RELEVER.
AS-TU DES PANSEMENTS DANS TON SAC, NIKY? ON POURRAIT L'AIDER, ON NE PEUT PAS L'ABANDONNER AINSI...
MÉFIEZ-VOUS DE SES MANDIBULES, ELLE POURRAIT VOUS ARRACHER UN DOIGT COMME UN RIEN.
HOLÀ, DOUCEMENT. JE N'AI PAS FINI. ELLE SE RELÈVE DÉJÀ.
GENTILLE... GENTILLE PETITE FOURMI... JE CROIS QU'ELLE A COMPRIS QUE JE NE LUI VOULAIS PAS DE MAL.
ELLE A UN SIGNE SUR LA TÊTE... UNE CROIX ROUGE. ELLE... ELLE FROTTE SES ANTENNES SUR MES MAINS COMME SI ELLE VOULAIT ME PARLER...
TUUUUT
TUUUUIIIII...
ENCORE CE SIFFLEMENT... LA FOURMI SEMBLE LUI OBÉIR. SUIVONS-LA.
TUUUT
TUIIIIIIIT
TUII
20

MÉFIE-TOI, GÉRARD, LE TERRAIN EST MARÉCAGEUX!
C'EST CE MAUDIT SINGE QUI M'EMPÊCHE DE...
HOU HOU HOU
HOU!
PLOOF
VOUS LE FAITES EXPRÈS, MA PAROLE!
DITES-MOI POURQUOI À CERTAINS MOMENTS VOUS ME TUTOYEZ ET À D'AUTRES, VOUS ME VOUVOYEZ!
JE TE VOUVOIE QUAND VOUS M'ÉNERVEZ!
PFF...! AVEC DES AMIES COMME VOUS, ON N'A PAS BESOIN D'ENNEMIES!
TOUT ÇA, C'EST À CAUSE DE CE MAUDIT SINGE! VA-T'EN! JE NE TE VEUX PLUS!
RETOURNE DANS TON ARBRE!
HOU, HOU
OUIN OUIN
GÉRARD, VOUS ÊTES UN MONSTRE D'ÉGOÏSME! BON SANG, CE N'EST PAS UN TEL SACRIFICE... RASSUREZ-LE, DITES-LUI QUE VOUS L'AIMEZ ET EMBRASSEZ-LE... IL VOUS AIME BIEN, LUI! CE N'EST QU'UN PETIT COEUR DÉBORDANT D'AMOUR AVEC DES POILS AUTOUR!
SNIF SNIF
C'EST BIEN PARCE QU'IL LE FAUT! PFF...! HOLÀ... DU CALME! BEURK, IL BAVE DANS MES OREILLES! HI, HI, ÇA ME CHATOUILLE...
AH, C'EST MALIN! ON A PERDU LA FOURMI!
LÀ! SUR CE TRONC D'ARBRE! ELLE FRANCHIT UN RAVIN!
KRRK KRRK KRRK
?
HOLÀ! MAUVAISE RENCONTRE! CES PETITS INSECTES VERTS N'ONT PAS L'AIR DE VOULOIR CÉDER LE PASSAGE À NOTRE AMIE. QUE VA-T-IL SE PASSER?
21

ELLE NE S'EN SORTIRA PAS, AVEC SES PATTES BLESSÉES. IL FAUT L'AIDER. J'AI UNE CARTOUCHE BIEN TASSÉE, AVEC DU GROS PLOMB. ON VA VOIR CE QUE ÇA DONNE...
BOOM
HOU, HOU
OUPS... IL DEVAIT Y AVOIR UN PEU TROP DE POUDRE.
PLAF
!
AÏE!
DES FOURMIS VERTES! IL EN VIENT DE PARTOUT!
MÉFIEZ-VOUS, ÇA PIQUE!
NOUS SOMMES ENCERCLÉS!
!
IIIIIIII! SALE BÊTE!
NOTRE FOURMI A SAUTÉ DANS LE RAVIN! SUIVONS-LA, C'EST LE SEUL MOYEN DE LEUR ÉCHAPPER!
22

QU'EST-CE QUE C'EST? UN CHEMIN?
UNE AUTOROUTE POUR FOURMIS! LA TERRE EST LABOURÉE DE TRACES DE PATTES!
DÉPÊCHEZ-VOUS! CES MAUDITES FOURMIS VERTES SE RASSEMBLENT AU-DESSUS DE NOUS!
KRRK KRRK KRRK KRRK
JE ME DEMANDE OÙ ÇA MÈNE?
NOUS LE SAURONS QUAND NOUS AURONS RATTRAPÉ NOTRE FOURMI!
JE CROIS QU'ON PEUT S'ARRÊTER DE COURIR! LES FOURMIS VERTES NE NOUS ONT PAS SUIVIS!
CE CHEMIN EST SANS DOUTE UNE LIMITE À NE PAS FRANCHIR POUR LES FOURMIS VERTES. NOUS SOMMES SUR LE TERRITOIRE DES FOURMIS BRUNES.
CE N'EST PAS PLUS RASSURANT...
LA PISTE SE PERD ICI SUR CES ROCHERS. OÙ EST PASSÉE LA FOURMI?
TUUUUT
TUUUUU...
TUIIIIIII
!
LÀ-HAUT! ELLE EST LÀ, MADEMOISELLE!
PASSEZ-MOI LES JUMELLES, GÉRARD!
EUH... JE LES AI PERDUES QUAND JE SUIS TOMBÉ DEVANT CE GROS CRAPAUD...
J'AI CE QU'IL FAUT DANS MON SAC.
23

IL Y A DEUX GARDES... ILS S'APPROCHENT DE NOTRE FOURMI ET... ET LUI FROTTENT LES ANTENNES.
C'EST UN SIGNE DE RECONNAIS-SANCE.
KRRK
KRRK
KRRK
TOUT VA BIEN, LES GARDES L'ONT LAISSÉE PASSER. JE ME DEMANDE CE QUI SE PASSERAIT SI JE VOULAIS ENTRER DANS CETTE GROTTE!
ON VA LE SAVOIR TOUT DE SUITE. CE LÉZARD SE DIRIGE JUSTEMENT TOUT DROIT VERS L'ENTRÉE.
LES GARDES SE JETTENT SUR LUI ET... OH, C'EST HORRIBLE!
KUIK
ILS L'ONT DÉCHIQUETÉ! BÊÊRK!
ATTENDS, CE N'EST PAS FINI... ILS RAMASSENT LES MORCEAUX ET LES PORTENT À L'INTÉRIEUR ET... ET...
OH!
24

IL...IL Y A UN HOMME QUI EST SORTI DE LA GROTTE...
ATTENTION IL REGARDE PAR ICI. CACHEZ-VOUS.
!
HOU, HOU...
LE DOUDOU... IL VA NOUS FAIRE REPÉRER.
HU! HU!
HU
PAK
CHUT!
HU HU HU HUHU...
SNIF
SNIF HU
TUUUURLUUU...
MAIS QUI EST-CE? QU'EST-CE QU'IL FAIT?
CE SIFFLEMENT... C'EST UNE FLÛTE. IL... IL JOUE DE LA FLÛTE.
TURLUTUUIIIII
KRRK
KRRK KRK
KRRK
KRRK KRRK KRK
KRRK

L'HOMME EST RENTRÉ DANS LA GROTTE... LES GARDES REPRENNENT LEUR FACTION DEVANT L'ENTRÉE.
IL Y A UNE FAILLE, LÀ-HAUT, PAR LAQUELLE JE POURRAIS ME GLISSER DANS CETTE CAVERNE. C'EST PLUS FORT QUE MOI, JE SUIS CURIEUSE DE VOIR CE QUI SE PASSE LÀ-DEDANS.
JEANNETTE, TU ES FOLLE, LES FOURMIS VONT TE HACHER MENU COMME CE MALHEUREUX LÉZARD.
EH BIEN, VOUS RECOLLEREZ LES MORCEAUX. JE VEUX SAVOIR QUI EST CET ÉTRANGE BARBU. ATTENDEZ-MOI ICI.
JEANNETTE, NE FAIS PAS ÇA! AH, LA TÊTE DE MULE!
J'Y SUIS... ENCORE UN PETIT EFFORT.
!
OUF... L'ARAIGNÉE A EU PLUS PEUR QUE MOI.
ELLE S'EST GLISSÉE DERRIÈRE CE ROCHER... JE PEUX ESSAYER MOI AUSSI.
OÙ EST-ELLE PASSÉE?
CETTE GALERIE A ÉTÉ CREUSÉE DANS LA ROCHE. JE SUIS DANS LE NID DES FOURMIS COMME LE VER DANS LE FRUIT.
KRRK KRRK KRRK KRRK
AÏE... JE SUIS REPÉRÉE, IL VAUT MIEUX FAIRE MARCHE ARRIÈRE... SORTIR AU PLUS VITE.
KRRK KRRK KRRK KRRK
TROP TARD! LES SOLDATS SONT DÉJÀ LÀ!
26

HOLÀ... ÇA VIENT DE L'AUTRE CÔTÉ AUSSI. CACHONS-NOUS... VITE.
KRRK KRRK KRRK
KRRK KRRK KRRK KRRK
KRRK KRRK KRRK KRRK
C'EST À L'ARAIGNÉE QU'ILS EN VEULENT. ILS... ILS LA METTENT EN PIÈCES.
KRRK KRRK
C'EST FINI, LES SOLDATS S'EN VONT. ILS N'ONT RIEN LAISSÉ DE L'INTRUSE. BRRRR...
CELLES-LÀ SONT DES FOURMIS OUVRIÈRES. ELLES N'ONT PAS L'AIR DE SE SOUCIER DE MOI, TANT MIEUX... SORTONS DE CE PIÈGE AU PLUS VITE.
C'EST UN VRAI LABYRINTHE. JE CROIS QUE JE SUIS PERDUE !!!
?
DES LARVES, CE SONT DES LARVES DE FOURMIS.
27

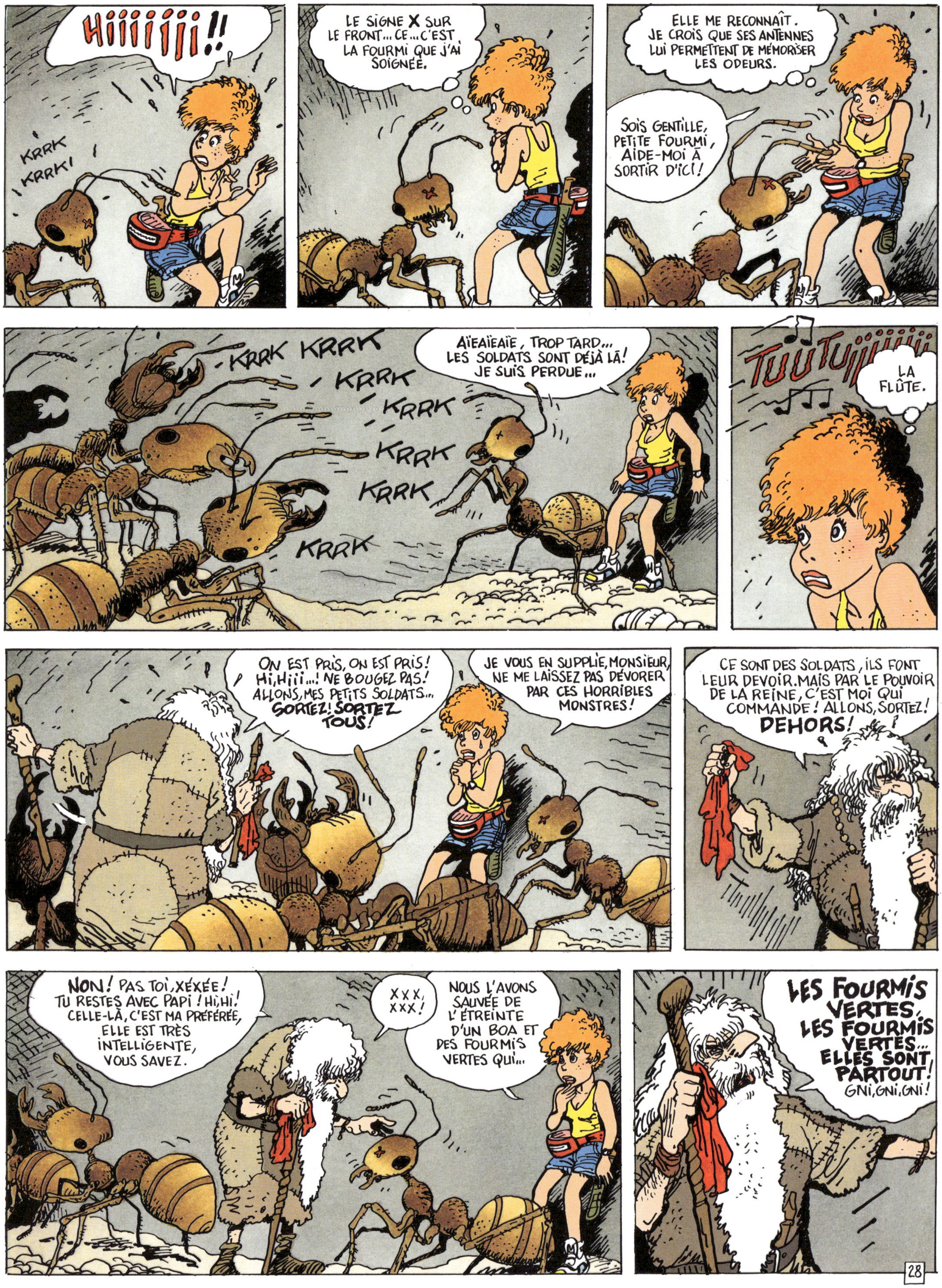
Hiiiiiiii!!
KRRK KRRK!
LE SIGNE X SUR LE FRONT... CE... C'EST LA FOURMI QUE J'AI SOIGNÉE.
ELLE ME RECONNAÎT. JE CROIS QUE SES ANTENNES LUI PERMETTENT DE MÉMORISER LES ODEURS.
SOIS GENTILLE, PETITE FOURMI, AIDE-MOI À SORTIR D'ICI!
KRRK KRRK KRRK KRRK KRRK KRRK KRRK
AÏEAÏEAÏE, TROP TARD... LES SOLDATS SONT DÉJÀ LÀ! JE SUIS PERDUE...
TUUTUIIIIIII
LA FLÛTE.
ON EST PRIS, ON EST PRIS! HI, HIII...! NE BOUGEZ PAS! ALLONS, MES PETITS SOLDATS... SORTEZ! SORTEZ TOUS!
JE VOUS EN SUPPLIE, MONSIEUR, NE ME LAISSEZ PAS DÉVORER PAR CES HORRIBLES MONSTRES!
CE SONT DES SOLDATS, ILS FONT LEUR DEVOIR. MAIS PAR LE POUVOIR DE LA REINE, C'EST MOI QUI COMMANDE! ALLONS, SORTEZ! DEHORS!
NON! PAS TOI, XÉXÉE! TU RESTES AVEC PAPI! HI, HI! CELLE-LÀ, C'EST MA PRÉFÉRÉE, ELLE EST TRÈS INTELLIGENTE, VOUS SAVEZ.
XXX, XXX!
NOUS L'AVONS SAUVÉE DE L'ÉTREINTE D'UN BOA ET DES FOURMIS VERTES QUI...
LES FOURMIS VERTES, LES FOURMIS VERTES... ELLES SONT PARTOUT! GNI, GNI, GNI!
28

ELLES NOUS ENCERCLENT, ELLES VONT ENCORE NOUS ATTAQUER MAIS NOUS LES REPOUSSERONS! KAYAA!
KRRK KRRK!
IL EST COMPLÈTEMENT FOU.
VOUS PENSEZ QUE JE SUIS FOU, N'EST-CE PAS...? MAIS JE... JE... ARH THEU... ! THEU! ARG
PFFL
VOUS ÊTES MALADE? VOUS CRACHEZ DU SANG.
CE N'EST RIEN, ÇA VA PASSER... CE SONT LES BRONCHES, JE SUIS TRÈS VIEUX... J'AI PLUS DE CENT ANS... QUE VONT DEVENIR MES FOURMIS SANS MOI? THEU
APPUYEZ-VOUS SUR MOI.
SNIF
SNIF
VOUS ÊTES LA PROVIDENCE, JEUNE HOMME!
JE SUIS UNE FILLE, JE M'APPELLE JEANNETTE POINTU.
UNE DEMOISELLE? PARDONNEZ-MOI, JE SUIS PRESQUE AVEUGLE. IL Y A SI LONGTEMPS QUE JE VIS DANS CE TROU. VENEZ, JE VAIS VOUS MONTRER MON ROYAUME! OUI, OUI!
HI! HI!
N'AYEZ PAS PEUR! HI, HI! CE CHIFFON EST IMPRÉGNÉ DE L'ODEUR DE LA REINE. C'EST POUR CELA QUE LES SOLDATS M'OBÉISSENT! HI, HI, HI!
OUI, OUI!
JE DEVAIS AVOIR QUARANTE ANS QUAND NOTRE BATEAU A COULÉ AU LARGE DE CETTE MAUDITE ÎLE. ME CROIREZ-VOUS? JE SUIS LE SEUL SURVIVANT! HI, HI, HI! OH OUI, UNE TERRIBLE TEMPÊTE! OUI, OUI...! VOICI MON ANTRE! J'Y AI ACCUMULÉ TOUS MES TRÉSORS! HI, HI! TOUT CE QUE LA MER REJETTE SUR LA PLAGE. IL Y A BEAUCOUP DE NAUFRAGES! HI, HI!
C'EST LA CAVERNE D'ALI BABA!
PRENEZ LA TORCHE ET SUIVEZ-MOI! OUI, OUI, JE VAIS VOUS PRÉSENTER À LA REINE ZARZA, LA REINE DES FOURMIS! HI, HI!
JE SUIS LE SEUL À POUVOIR DESCENDRE ICI AVEC XÉXÉE. NE PARLEZ PAS SANS MA PERMISSION. LA REINE EST STRICTE SUR LE PROTOCOLE.
MAJESTÉ, C'EST VOTRE HUMBLE SERVITEUR! NOUS AVONS UNE VISITE... LES NOUVELLES NE SONT PAS BONNES... LES FOURMIS VERTES SONT REVENUES...
29

ELLE DORT DEPUIS DES MOIS... JE DOIS VOUS AVOUER QUE L'ESPÈCE EST MENACÉE. L'ÉVOLUTION VERS LE GIGANTISME REND LA REPRODUCTION DIFFICILE. SANS MOI, LA REINE NE POURRAIT PONDRE. C'EST POUR CELA QUE LES FOURMIS ME GARDENT EN VIE. LA REINE EST AUSSI VIEILLE QUE MOI. JE CRAINS QUE CE NE SOIT SA DERNIÈRE PONTE...
SI ELLE MEURT, LES SOLDATS SE JETTERONT SUR MOI ET... ET... ET...
HI, HI, HI, HIIIIII... AH, AH, AH!
CALMEZ-VOUS, MONSIEUR... COMMENT VOUS APPELEZ-VOUS?
JE... JE NE ME RAPPELLE PLUS... IL Y A SI LONGTEMPS... HOWARD, IL S'APPELAIT HOWARD... C'ÉTAIT LE QUARTIER-MAÎTRE... LES FOURMIS L'ONT MIS EN PIÈCES... COMME LES AUTRES. HOU... HOU!
MES AMIS VOUS AIDERONT! ILS M'ATTENDENT DEHORS. NOUS SERONS BIENTÔT SECOURUS...
MAIS VOUS N'AVEZ PAS COMPRIS? LES FOURMIS NE ME LAISSERONT JAMAIS SORTIR! LEUR SURVIE DÉPEND DE MOI!
!
VOS AMIS SONT EN DANGER. JE SAIS QU'UN COMMANDO EST SORTI POUR LES ATTAQUER CETTE NUIT... IL FAUT LES PRÉVENIR!
MAIS COMMENT?
LA NUIT TOMBE ET ELLE NE REVIENT PAS! JE VAIS Y ALLER!
NON! JE SUIS L'AÎNÉ, C'EST À MOI D'Y ALLER. ELLE A SÛREMENT BESOIN D'AIDE. GARDEZ LE DOUDOU, JE NE PEUX PAS L'EMMENER.
RESTE ICI ET SOIS SAGE!
HU HU
CHUT! NON... NON! TAIS-TOI, TAIS-TOI!
SNIF SNIF SNIF BOUH... HOU...
NE PLEURE PAS, TU VAS NOUS FAIRE REPÉRER. C'EST BON, JE TE PRENDS!
MMH MH MH
MONSIEUR GÉRARD, IL Y A UNE FOURMI QUI NOUS OBSERVE, LÀ!
30

C'EST NOTRE FOURMI ! ELLE A UN SIGNE X SUR LA TÊTE ! ELLE TIENT UNE LETTRE DANS SES MANDIBULES ! C'EST JEANNETTE QUI L'ENVOIE.
JE VOUS ENVOIE XÉXÉE - FAITES-LUI CONFIANCE, ELLE VOUS MÈNERA À MOI. IL FAUT M'AIDER À SORTIR DE LA GROTTE LE VIEUX BARBU QUI Y EST RETENU PRISONNIER PAR LES FOURMIS.
P.S.: MÉFIEZ-VOUS DES SOLDATS ET DES FOURMIS VERTES.
Jeannette
CETTE FOURMI SAUTE COMME UN CABRI, ELLE VA NOUS SEMER. NOUS NE SOMMES PAS AUSSI AGILES.
!
OH, OOH ! LÀ, JE CROIS QU'ON VA AVOIR UN PROBLÈME !
MAMBI, JE T'AVAIS DIT DE NE PAS NOUS SUIVRE. TU ES TROP PETIT POUR GRIMPER. ATTENDS-NOUS ICI AVEC DOUDOU.
OUI MAIS, SI JE RESTE LÀ, IL VA ENCORE PLEURER TRÈS FORT.
HU! HUHU
ÇA Y EST, J'Y SUIS ! ENCORE UN PETIT EFFORT, MONSIEUR GÉRARD.
J'AI COMPRIS ! IL Y A UN PASSAGE. XÉXÉE NOUS MONTRE LE CHEMIN. ALLONS-Y, JEANNETTE NOUS ATTEND !
PFFSS!
OÙ SOMMES-NOUS?
DANS LA CAVERNE. ATTENDEZ, J'AI UNE LAMPE DANS MON SAC.
REGARDEZ, ELLE NOUS INVITE À LA SUIVRE.
KRRK
KRRK
KRRK
KRRRRRR
KRRRRR
KRRR
KRRRR
KRRR
LES SOLDATS ! C'ÉTAIT UN PIÈGE ! NOUS SOMMES PRIS COMME DES MOUCHES !
TU N'ES QU'UNE TRAÎTRESSE, XÉXÉE ! JE NE T'AIME PLUS !
31

NE BOUGEZ PAS ! RESTEZ OÙ VOUS ÊTES ! CES BÊTES VOUS ARRACHE-RAIENT UN BRAS D'UN SEUL COUP !
JEANNETTE !
!
KRRK
KRRR
KRRR
ÇA SUFFIT ! ALLEZ COUCHER ! ÉLOIGNEZ-VOUS ! OUSTE ! KRR, KRR !
CE... CES TUEURS VOUS OBÉISSENT COMME DES MOUTONS... COMMENT AVEZ-VOUS RÉUSSI ÇA ?
C'EST UNE QUESTION D'AUTORITÉ NATURELLE, J'AI TOUJOURS SU PARLER AUX FOURMIS.
PLUS PROSAÏQUEMENT, CE CHIFFON EST IMPRÉGNÉ DE L'ODEUR DE LA REINE. C'EST UN SAUF-CONDUIT POUR SURVIVRE DANS LA FOURMILIÈRE.
SUIVEZ-MOI, NOTRE HOMME NOUS ATTEND DANS SA CHAMBRE.
IL EST TRÈS MALADE. IL TOUSSE BEAUCOUP ET A DE LA FIÈVRE. IL A PLUS DE CENT ANS. LES FOURMIS LE GARDENT CAR SANS LUI, LA REINE NE PEUT PONDRE.
APPROCHEZ... N'AYEZ PAS PEUR, JE NE VOUS MANGERAI PAS, JE N'AI PLUS DE DENTS.
TU ES JEUNE, TOI. QUEL ÂGE AS-TU, MON ENFANT ?
J'AI NEUF ANS, MONSIEUR. JE M'APPELLE MAMBI.
JE VAIS TE MONTRER QUELQUE CHOSE, MAMBI. C'EST UN SECRET. TU VOIS CE COLLIER... CHAQUE PERLE EST IMPRÉGNÉE D'UNE ODEUR DIFFÉRENTE, CAR C'EST PAR L'ODORAT QUE LES FOURMIS COMPRENNENT CE QUE JE VEUX LEUR DIRE. TU VAS VOIR... VIENS, XÉXÉE !
XXX, XXX, XXX... ! VA CHERCHER, MA BELLE !
LA PERLE A L'ODEUR DU SUC QUE DÉGORGENT LES FOURMIS. ELLE A COMPRIS QUE J'AI FAIM, ALORS ELLE VA CHERCHER DES BOULETTES DE SUC DANS MA RÉSERVE.
32

ÇA SENT MAUVAIS.
MERCI, XÉXÉE, TU ES UNE BONNE FILLE. TIENS, MON GARÇON, GOÛTE-MOI ÇA ! TU VERRAS, C'EST TRÈS BON...
C'EST DU VOMI DE FOURMI. ÇA SERT À ALIMENTER LES LARVES. C'EST TRÈS NOURRISSANT.
CRUNCH
GRMPF
ALORS, C'EST BON ?
BEERK
OOH... OUI, M'SIEUR.
TU ES UN BRAVE PETIT ! HI, HI ! JE VAIS TE MONTRER UN AUTRE TRUC POUR APPELER LES FOURMIS. ON TAPE TROIS FOIS CES BAGUETTES...
HI, HI !
TAP TAP TAP
TU VOIS, ÇA MARCHE... LES OUVRIÈRES ACCOURENT TOUT DE SUITE... ET POUR LES FAIRE PARTIR, ON TAPE QUATRE FOIS. VEUX-TU ESSAYER, MAMBI ?
OUI !
KRRR KRRR KRR
TAP TAP TAP TAP
C'EST GÉNIAL ! ELLES M'OBÉISSENT ! HI, HI !
KRR KRR KRRR
C'EST AINSI QUE JE PARLE AUX FOURMIS. J'AI NOTÉ LE CODE DANS CE CARNET. AH, J'EN CONNAIS DES CHOSES SUR LES FOURMIS, TU SAIS...
MOI AUSSI, JE CONNAIS QUELQUE CHOSE SUR LES FOURMIS, M'SIEUR.
... La fourmi n'est pas prêteuse : C'est là son moindre défaut. « Que faisiez-vous au temps chaud ? », Dit-elle à cette emprunteuse...
!
ÇA SUFFIT ! ON N'EST PAS LÀ POUR RÉCITER DES FABLES ! CONSTRUISONS UN BRANCARD POUR TRANSPORTER LE PÉPÉ ET TIRONS-NOUS !
HÛ HÛ HÛ
TAIS-TOI, GÉRARD ! IL EST MORT. SON POULS NE BAT PLUS.
QUOI ?
NE PLEURE PAS, MAMBI. IL ÉTAIT TRÈS VIEUX, TU SAIS...
KRR KRR KRR KRR
33

NON, NON! ON NE VOUS A PAS APPELÉS! ALLEZ-VOUS-EN!
C'EST XÉXÉE QUI A DONNÉ L'ALERTE.
CLAP CLAP CLAP CLAP
KRRR
KRR
KRRK
KRRR
KRR
KRRRRRK
D'ACCORD, J'AI COMPRIS! LES SOLDATS VEULENT NOUS FAIRE SORTIR D'ICI! O.K., O.K.!
KRRRR KRR
QUE VEUX-TU FAIRE DE NOUS, XÉXÉE?
KRRR KRR KRR
OH, HOO...! JE CROIS QU'ELLE VEUT QUE NOUS DESCENDIONS DANS CE TROU!
KRRRR
C'EST BON, MON GROS, ON Y VA! RESTONS COOL! VIENS, MAMBI!
KRRR
KRRKRRR
POUAH! ÇA PUE LÀ-DEDANS!
C'EST PLEIN DE CADAVRES D'ANIMAUX! LES FOURMIS NOUS ONT DESCENDUS DANS LEUR GARDE-MANGER...
HORREUR! ELLES VONT NOUS EMMURER VIVANTS!
KRRRR KRRR KRRRR KRRR KRRR KRRR KRRR
BROOMM
JEANNETTE! AIDEZ-NOUS!
JE NE PEUX PAS BOUGER! LES FOURMIS ME RETIENNENT ICI! NE VOUS EN FAITES PAS, JE TROUVERAI BIEN LE MOYEN DE VOUS SORTIR DE LÀ! COURAGE!
KRR KRRR
KRRRR
KRRR
34

J'AI DÉJÀ DESCENDU CET ESCALIER. XÉXÉE ME POUSSE VERS LA SALLE DE LA REINE. IL DOIT Y AVOIR UNE RAISON...
VISIBLEMENT, ELLE CHERCHE À ME FAIRE COMPRENDRE QUELQUE CHOSE... QUE SE PASSE-T-IL, XÉXÉE? C'EST LA REINE QUI T'ENVOIE? C'EST ÇA?
C'EST BIEN ÇA... LA REINE VA PONDRE... SANS DOUTE POUR LA DERNIÈRE FOIS, AVAIT DIT LE VIEIL HOMME. ELLE A BESOIN D'UNE ASSISTANCE EXTÉRIEURE. C'ÉTAIT LE RÔLE DE CE PAUVRE VIEUX.
LES CONTRACTIONS ONT DÉJÀ COMMENCÉ. QUE FAIRE? JE NE SUIS PAS MÉDECIN, NI SAGE-FEMME POUR FOURMIS.
KRR KRRR
LE CARNET...! LE VIEUX NOTAIT TOUT DANS SON CARNET. VA LE CHERCHER, XÉXÉE!
ON DIRAIT QU'ELLE A COMPRIS. JE CROIS QU'ELLE LIT DANS MES PENSÉES. C'EST DE LA TÉLÉPATHIE...
QUELQUES INSTANTS PLUS TARD...
C'EST TROP TARD, XÉXÉE... LA REINE EST DÉCÉDÉE. JE N'AI PU SAUVER QUE CETTE LARVE QUI S'ÉTAIT DÉJÀ DÉVELOPPÉE DANS SON CORPS EN DÉVORANT LES AUTRES OEUFS.
JE... J'AI DÛ DÉCOUPER L'ABDOMEN AVEC MON CANIF POUR SORTIR LA LARVE... BEUUH...
SUK SUK
QU'EST-CE QU'ELLE FAIT? ELLE COUPE LES ANTENNES DE LA REINE AVEC SES MANDIBULES.
KRRK
QUE VEUX-TU FAIRE, XÉXÉE?
SUK SUK
?
J'AI COMPRIS... CES ATTRIBUTS ME DÉSIGNENT À TOUS: JE SUIS LA REINE DES FOURMIS! ELLE FAIT SANS DOUTE CELA POUR ME SAUVER LA VIE.
35

AU MÊME MOMENT...
RIEN À FAIRE, IMPOSSIBLE DE SOULEVER CETTE PIERRE.
IL FAIT TOUT NOIR.
ATTENDEZ... J'AI UN BRIQUET. ON VA POUVOIR EXPLORER CE TROU.
C'EST INONDÉ DE CE CÔTÉ... INUTILE DE...
REGARDEZ! LA FLAMME VACILLE. C'EST UN COURANT D'AIR. CHERCHONS LA FISSURE.
UN PEU PLUS TARD...
ÇA Y EST! LE DOUDOU A TROUVÉ LE PASSAGE. JE VOIS LE CIEL.
AÏE!
OUF... PAS FÂCHÉ D'ÊTRE SORTI VIVANT DU GARDE-MANGER DES FOURMIS. SI VRAIMENT ELLES ONT FAIM, IL LEUR RESTE JEANNETTE. BON APPÉTIT...
VOYONS, GÉRARD...
ÉCOUTEZ! ON DIRAIT LE... LE BRUIT D'UN MOTEUR!
VRRR VRRRR
VRRRR VRRRRR BRRRR
UN AVION! C'EST UN AVION! JE LE VOIS! JE LE VOIS!
C'EST POUR NOUS! ON NOUS CHERCHE! OHÉ, OHÉ!
BRRRRRRVRRRR
IL EST TROP LOIN. IL FAUT FAIRE UN FEU. VITE, RAMASSEZ DU BOIS... HEUREUSEMENT, J'AI DU PÉTROLE DANS MA GOURDE.
ZUT DE ZUT! LE BOIS EST HUMIDE! ÇA NE PREND PAS!
LA JAUGE BAISSE, PROFESSEUR SAIYES. IL FAUT RENTRER MAIS... JE NE PEUX PAS ME RÉSOUDRE À ACCEPTER QUE MON PETIT MAMBI AIT DISPARU LUI AUSSI DANS CE STUPIDE CHAVIREMENT.
LÀ! UNE FUMÉE! UNE FUMÉE!
M-309
ILS SONT LÀ! JE RECONNAIS VOTRE FILS MAMBI, GÉRARD ET NIKY, MAIS JE NE VOIS PAS JEANNETTE POINTU...
ON VA LES SURVOLER. PRÉPAREZ VITE UN MESSAGE!
36

VRRRRRRRR RR
IL REVIENT! ON NOUS A VUS!
HOURRA!
BRRRRRR
ATTRAPEZ!
VRRRR
ILS ONT LÂCHÉ QUELQUE CHOSE!
CLOP
ÇA VA, MONSIEUR GÉRARD?
C'EST UN MESSAGE DU PROFESSEUR SAIYES! IL A ÉTÉ REPÊCHÉ PAR LE BATEAU DE TON PÈRE, MAMBI!
QUEL SOULAGEMENT
DE VOUS SAVOIR VIVANTS, MES
AMIS! JE NE VOIS PAS JEANNE
J'ESPÈRE QUE TOUT VA BIEN.
NOUS NE POUVONS ATTERRIR
L'ÎLE MAIS NOUS SERONS LÀ
DEMAIN MIDI AVEC UN HÉLICO
NOUS VOUS PRENDRONS AU
SOMMET DU LIEU OÙ VOUS ÊT
AGITEZ LE CHIFFON ROUGE
SI VOUS AVEZ COMPRIS.
PROF. SAIYES
P.S: J'ai été repêché par
le bateau du père de
c'est lui qui pilote
à demain.
TOUT VA BIEN, TOUT VA BIEN!
ILS ONT COMPRIS! À DEMAIN, LES AMIS! À BIENTÔT, MAMBI!
ILS S'ÉLOIGNENT! À DEMAIN, À DEMAIN!
VRRRRRRRR
IL FAUT S'OCCUPER DE MONSIEUR GÉRARD, NIKY! IL DÉLIRE...
RRRRRRR
LES FOU...FOU... LES FOUFOU... F FOU...
LES... LES... LES FOURMIS VERTES! ELLES... ELLES MONTENT ...ICI!
!
KRRRRRR
KRRR
KRRRRR
KRRRRR
37

KRR KRRR KRR KRR KRRR KRR
C'EST À NOUS QU'ELLES EN VEULENT.
OH, LA, LA !
DÉGAGE ! BAS LES PATTES !
PLAF
LÈVE-TOI, GÉRARD !
ELLES ONT PEUR DU FEU ! LÈVE-TOI, GÉRARD, VITE !
A... ATTENDS... JE... J'AI U... UNE IDÉE ! MA GOURDE EST REMPLIE DE PÉPÉ... DE... DE PÉTROLE ET... ET J'AI UN BRIQUET...
TCHIK
BOOM
IL EN RESTE ENCORE UNE, LÀ ! ATTENTION, DOUDOU !
OUAAAAA
OUiiiiiN
KRRR KRRRR KRRRR
?
38

KRRR
KRRR
KRRR
KRRR
KRRR
KRRR
!
HU HU
LES SOLDATS SONT COMME LES CARABINIERS, ILS ARRIVENT TOUJOURS EN RETARD.
KRRRRRR
KRRRRRRR
SNIF
HOLÀ, ILS SE RETOURNENT CONTRE NOUS!
EH, OH! ON N'EST PAS DES FOURMIS VERTES, NOUS AUTRES!
KRRRRR
KRRRRR
KRRRRR
!
JEANNETTE!
KRRR
KRRR
KRR
NE VOUS INQUIÉTEZ PAS, ILS M'OBÉIRONT TOUS! JE SUIS INVESTIE DE L'AUTORITÉ DE LA REINE DES FOURMIS.
LA REINE DES FOURMIS?
!

ALERTE, ALERTE!
CES MAUDITES CRÉATURES SONT DES MILLIERS. LE VIEUX AVAIT RAISON... ELLES ONT DÉCIDÉ D'ATTAQUER LE REPAIRE DE NOS FOURMIS. NOUS N'AVONS QU'UNE QUINZAINE DE SOLDATS ET TRENTE OUVRIÈRES POUR FAIRE FACE. IL FAUDRA TENIR JUSQU'AU COUCHER DU SOLEIL.
C'EST BIEN NOTRE CHANCE, JUSTE AU MOMENT OÙ NOUS APPRENONS QU'UN HÉLICOPTÈRE DOIT NOUS RÉCUPÉRER DEMAIN, MIDI.
KRRKRRR KRRR KRRRRR
LES FOURMIS VERTES! ELLES NOUS ENCERCLENT! REGARDE, XÉXÉE!
KRR KRRR KRRR KRRRRR
VITE, VITE! IL FAUT SOUFFLER LA NOTE LA PLUS AIGUË POUR SONNER L'ALERTE GÉNÉRALE!
TWI
POOF
QUE FONT-ILS?
C'EST LEUR ARME SECRÈTE. ILS PROJETTENT UN GAZ TOXIQUE QUI PARALYSE L'ENNEMI. J'AI LU ÇA DANS LE CARNET. C'EST LA GUERRE CHIMIQUE.
PROOB
POF
IL EN VIENT PAR ICI! RAMASSEZ DES PIERRES, VITE!
HOU, HOU!
KRRR KRRR KRRR
KRRR KRRR
40

ATTENTION, XÉXÉE, DERRIÈRE TOI!
PAN
JE L'AI EUE, CELLE-LÀ!
BRAVO!
IL Y EN A D'AUTRES QUI ARRIVENT DE CE CÔTÉ!
PAK
VIENS, XÉXÉE, SUIS-MOI, J'AI UNE IDÉE...
TAP TAP
PAW
OÙ EST MAMBI?
JE L'AI VU RENTRER DANS LA GROTTE AVEC XÉXÉE!
JE SUIS LÀ! J'AI TROUVÉ UN BIDON DE PÉTROLE DANS LA GROTTE!
?
MONSIEUR GÉRARD, VOTRE BRIQUET, VITE!
GLOU GLOU GLOU
GLOU
HOP!
KLONG
GLANG GLONG
41

BAOOM
VICTOIRE! ELLES S'EN VONT!
C'EST LE COUCHER DU SOLEIL QUI LES FAIT RENONCER! JE CRAINS QU'ELLES NE REVIENNENT DEMAIN À L'AUBE.
ÇA NOUS DONNE UN RÉPIT POUR ORGANISER NOTRE DÉFENSE.
REGARDEZ... NOS FOURMIS SAVENT QUE CE N'EST QUE PARTIE REMISE. ELLES OBSTRUENT TOUTES LES ENTRÉES.
C'EST ICI QUE J'AI TROUVÉ LE PÉTROLE. IL Y A ENCORE TROIS BIDONS.
MOI, J'AI TROUVÉ DE LA DYNAMITE. ON AURA DE QUOI SOUTENIR UN SIÈGE.
JE VAIS ROULER LES BIDONS JUSQU'À L'ENTRÉE DES GALERIES.
CE GAMIN EST DÉBROUILLARD. ATTENDS, JE VAIS T'AIDER!
J'AI TROUVÉ UN LANCE-FUSÉES! JE LE GARDE, ÇA PEUT SERVIR.
NOUS DEVONS NOUS REPOSER UN PEU. JE TE CONFIE L'HÉRITIÈRE DE LA FOURMILIÈRE, XÉXÉE. TU SAURAS LA PROTÉGER.
KRR KRR KRR
KRR
42

KRRR KRRR KRRR KRRRR KRRR
KRRR
RÉVEILLE-TOI, GÉRARD, LE JOUR SE LÈVE! REGARDE CE QUI SE PASSE DEHORS!
HEIN?... HUM...
KRRR KRRRR KRR KRRR KRRR
BON SANG, C'EST PIRE QUE LE JOUR LE PLUS LONG! IL Y EN A DES MILLIERS! ELLES MONTENT À L'ASSAUT!
KRRR KRRR KRR
SALES BÊTES!
KRR KRRR KRRR KRRR KRR KRR
KRR KRRR KRRRR KRR KRR
JE VAIS LEUR RÉCHAUFFER LES PATTES AVEC UN SUPER "BÉGON VERT"!
C'EST LE PETIT DÉJEUNER! BON APPÉTIT!
PCHHHHHHH
BOOM
KRRKRR KRRR KRRKRRR
ÇA NE SUFFIT PAS À LES DÉCOURAGER! ELLES S'INFILTRENT PARTOUT ET IL EN ARRIVE ENCORE...
KRR KRR KRR KRR
ELLES ONT RÉUSSI À ENTRER! ELLES ENVAHISSENT LES GALERIES!
KRR KRRR KRRR
43

KRR KRR
KRR
KRR
KRR
KRRR
KRR
KRR
LES GARDES SUCCOMBENT SOUS LE NOMBRE ! ILS NE LES CONTIENDRONT PAS LONGTEMPS ! AIDE-MOI, NIKY !
O.K. MAMBI !
ÉCARTE-TOI !
TCHOOF
FSSSSSSSSS
JE NE SUIS PAS DÉCIDÉ À FINIR BOUFFÉ PAR LES FOURMIS !
FOOF
PCHHHHHHHHH
OÙ ÊTES-VOUS ? ON N'Y VOIT PLUS, AVEC CETTE FUMÉE !
PAR ICI ! ON CHERCHE L'ISSUE QUI MÈNE LÀ-HAUT ! C'EST NOTRE SEULE CHANCE !
LE SINGE A TROUVÉ ! VENEZ !
BRAVO, DOUDOU, ON TE DOIT UNE FIÈRE CHANDELLE !
HŪ HŪ HŪ
PAN
DÉPÊCHE-TOI, MAMBI ! ON Y EST !
LÀ-BAS ! REGARDEZ, REGARDEZ !
C'EST L'HÉLICOPTÈRE ! ILS SONT VENUS PLUS TÔT QUE PRÉVU !
NOUS SOMMES SAUVÉS !
44

LES VOILÀ! ILS SONT TOUS LÀ! JE VOIS JEANNETTE AUSSI!
JE VAIS MANOEUVRER POUR ME METTRE AU VENT! FAITES-LEUR SIGNE DE S'ÉCARTER!
FSSS FSSS
DOUG DOUG DOUG
OUHOU! PAR ICI, PAR ICI!
!
HIIII! À L'AIDE!
KRRRR KRRRRKRR KRRRR KRRR
BAISSEZ LA TÊTE, ÇA DÉCOIFFE!
PAN
PIZZA LIVRÉE À DOMICILE! ATTENTION, LA SAUCE EST CORSÉE! BON APPÉTIT! TCHAO!
PCHHHHH
KRR KRR KRR KRRR KRRR KRR KRRR
BOOM
JE NE PEUX PAS ME POSER! LE VENT EST TROP FORT! DÉPÊCHEZ-VOUS!
MONTE, MAMBI!
PAPA!
MAIS QUE SE PASSE-T-IL?
FSSS FSSSSSSSSSS
ON VOUS EXPLIQUERA PLUS TARD!
KRRR KRR KRRR KRR
JEANNETTE, JE SUIS HEUREUX DE VOUS REVOIR SAINE ET SAUVE! EMBARQUEZ!
ATTENDEZ, ATTENDEZ!
C'EST XÉXÉE! ELLE A RÉUSSI À SORTIR DE LA FOURMILIÈRE. VIENS, XÉXÉE! VITE!
FSSS FSSSS FSSSS
KRRRR KRRR
!
QU'EST-CE QUE C'EST QUE ÇA?
ACCROCHE-TOI, XÉXÉE! ACCROCHE-TOI!
DÉCOLLEZ, DÉCOLLEZ!
45

ELLE A RAISON ! DÉCOLLEZ ! LES GALERIES DE LA FOURMILIÈRE SONT EN FEU ET ELLES CONTIENNENT DES DIZAINES DE CAISSES D'EXPLOSIFS !
OIL
T.N.T.
PSSSSSSSS
OUF !
DOUG DOUG DOUG
AIDEZ-MOI ! JE VAIS LÂCHER LA FOURMI !
XÉXÉE !
XÉXÉE ! C'EST MA FAUTE, C'EST MA FAUTE !
ALLONS, JEANNETTE, CE N'EST QU'UNE FOURMI APRÈS TOUT !
OUI, MAIS PAS N'IMPORTE QUELLE FOURMI !
FSS FSSSS FSSSSS
FSSS
DOUG DOUG DOUG
KRRR
KRR
KRiii
KRiii
KRi
FiN
couleurs : studio Cerise.
SCÉNARIO ET DESSIN : MARC Wasterlain 96
46